Fr. Ricardo Ferreira dos Santos, ofm

O Senhor Visitou o seu Povo:

Fr. Ricardo Ferreira dos Santos, ofm

O Senhor Visitou o seu Povo:

Eclesiologia do Povo de Deus em São Boaventura

CREDO EDICIONES

Imprint

Cover image: www.ingimage.com

Publisher:
CREDO EDICIONES
ist ein Imprint der / is a trademark of
International Book Market Service Ltd., member of OmniScriptum Publishing Group
17 Meldrum Street, Beau Bassin 71504, Mauritius

Printed at: see last page
ISBN: 978-620-2-47833-5

O SENHOR VISITOU O SEU POVO:

Eclesiologia do Povo de Deus em São Boaventura

Índice

Introdução

Filósofo e Teólogo do século XIII, são Boaventura foi autêntico seguidor dos passos de São Francisco de Assis, homem apaixonado pelo carisma franciscano e, por coseguinte, pela Igreja. Religioso contemplativo e grande místico. O doutor seráfico a exemplo do santo de Assis sempre cultivou senso de pertença e obediência a Igreja. São Boaventura foi um teólogo medieval da reflexão e da práxis eclesial.

Como de praxe na Idade Média, o doutor franciscano não elaborou sistematicamente um tratado específico sobre a Igreja (De Ecclesia), mas em diversos trechos de suas obras encontramos um pensamento eclesiológico profundo e rico de elementos. Ele não sistematizou, mas pensou e aprofundou a eclesiologia. Dentre estes elementos, o doutor seráfico refletiu o significado teológico da imagem povo de Deus. Nesta reflexão, perguntamos pelo lugar dessa imagem na eclesiologia de são Boaventura. Por conseguinte, que relação há entre a imagem "Povo" e outras como "Corpo de Cristo" e "Templo do Espírito Santo" e outras?

Para tratar dessa questão em resumo aprofundamos o seguinte:

A Igreja é o povo eleito, chamado por Deus, diverso e ordenado. Pela fé e pelos sacramentos, especialmente Batismo e Eucaristia, o fiel é introduzido e incorporado ao corpo místico de Cristo, de modo a participar do povo de Deus. O povo de Deus, unido pela caridade do Espírito Santo, é a Igreja universal aberta às nações, aos povos e às culturas.

Este povo é sinal da manifestação da condescendência e da misericórdia da Trindade em Jesus Cristo. É fruto do amor excessivo do Deus que chama, reúne e congrega. Os membros desse povo são numerosos, procedendo de diversos lugares, tempos e condições sociais. Este povo seguindo a Cristo pelo batismo é pobre, humilde, necessitado do conhecimento da fé e do consolo da graça. Com efeito, todo povo pela fé e pelo batismo é sacerdotal. Por conseguite, todo fiel batizado participa do sacerdócio real de Cristo.

No seio do povo se distingue também o ministério ordenado. Segundo o doutor franciscano, o povo de Deus é constituído de leigos, clérigos e religiosos. Todos os membros segundo o seu carisma, ministério ou estado de vida, pela ação do Espírito Santo, estão a serviço do Reino de Deus. Este povo é peregrino, está a caminho da pátria celete e, por conseguinte, é chamado à santidade.

A Igreja, povo de Deus é a esposa de Cristo, seu único esposo. O Espírito Santo dado a Igreja como um todo e a cada fiel em particular é o principio ativo da perfeita unidade da Igreja. E, finalmente, o Povo de Deus é um povo reunido na unidade do Pai, do Filho e do Espírito Santo. Essa imagem também encontra eco nos ensimentos do Concílio Vaticano II.

1. O significado bíblico e teológico da imagem povo de Deus

A expressão "povo de Deus" ou povo do Senhor usada pelo doutor franciscano se encontra em outras passagens de suas obras teológicas, por exemplo, no livro do Hexaëmerom[1], nos sermões "De Tempore" [2], ou nos comentários à Sagrada Escritura, etc. O doutor seráfico ao se referir a Igreja usa também outros termos equivalentes a povo de Deus (populus Dei). Ele fala em "povo cristão" [3]. Povo de Deus[4]. Ou "povo de Cristo" [5].

[1] Hex., c. 15, n. 6, in: BUENAVENTURA, Obras de San Buenaventura, t. III, Madrid: BAC, 1947, p. 453.

[2] *"Em Cristo, Deus visitou o seu povo, quer dizer, a Igreja...".* Dom. p. Pent. XV. Sermo II. BONAVENTURAE. *Opera Omnia. Sermones de tempore, de sanctis, de B. Virgine Maria et de diversis, t. IX, Firenze:* Ad Claras Aquas (Quaracchi), Ex Typografhia Colleggi S. Bonaventurae, 1901, p. 413.

[3] Cf. III Sent. 37 dub. 3. *Opera Omnia. Commentaria in Quatuor Libros Sententiarium Magistri Petri Lombardi,* t. III, p. 832; DSSt. c. 6, n. 16. 19 e 20. *Obras de San Buenaventura,* t. V, 1ª. ed. Madrid: BAC, 1948, p. 531, 533 e 534: Hex. c. 16, n. 25. Ibid., t. III, p. 485. II Dom. Adv. Sermo 5. Ibid. t. IX, p. 51.

Povo do Senhor[6]. Povo espiritual pela fé e pelos sacramentos, distinto do povo carnal[7]. Estes nomes indicam sempre o mesmo povo de Deus, ou seja, o povo da Igreja.

O termo Povo de Deus aplicado à Igreja é fruto da meditação bíblica da história da salvação e é muito revelante na eclesiologia de são Boaventura

Quem é este povo, segundo o doutor franciscano?

O povo de Israel no Antigo Testamento prefigura o povo de Deus no Novo Testamento, antecedendo e preparando para a plena manifestação do povo do Novo Testamento. Todavia, também o povo do Antigo Testamento é chamado de povo de Deus, se constituindo e se ordenando através da fé e de seus sacramentos[8].

O povo de Deus nasce como fruto do plano universal e salvífico de Deus que se manifestou na obra da redenção humana. Por causa de sua grande misericórdia, o Senhor nos visitou, declara o doutor franciscano[9].

Segundo a carta de são Paulo aos Efésios[10]:

"Deus, rico em misericórdia, por causa de sua excessiva caridade com que nos amou e estando mortos em nossos pecados, nos convivificou em Cristo[11]*".*

---

[4] In Luc c. 15, n. 37. BONAVENTURAE, *Opera Omnia. Comm. In Evangelium S. Lucae.* t. VII. Firenze: Ad Claras Aquas (Quaracchi), Ex Typografhia Colleggi S. Bonaventurae, 1895, p. 396. De San. Nic. Ibid. t. IX, p. 473 a. Vig. Nat. Dom. Sermo 9 p. 96; Ibid. sermo 10, p. 97; Epifh.sermo 9, p. 166; sermo 19, p. 170. I Dom. p. pent. Sermo 2, p. 350.

[5] IV Sent. d. 11 p. 1 c. 5. *Opera Omnia. Commentaria in Quatuor Libros Sententiarium Magistri Petri Lombardi*, t. I, p. 240; Ibid. 22. Cf. também In Luc c. 11 n. 68. Ibid. t.VII, p. 299 b; c. 22 n. 28, p. 547 b; Adv. Dom. 4 sermo 1 n. 5. Ibid. t. IX, p. 81.

[6] IV Sent. d. 15 p. 2 dubia 3 (IV 377 a); In Luc c. 16 n. 10 (VII 406 b).

[7] IV Sent. d. 6 a. uni. q. 4. *Opera Omnia.* t. IV p. 143.

[8] IV Sent. d. 33 c. 1. Ibid. t. IV 744.

[9] Ibid. c. 1 n. 138. Ibid. t. VII, p. 42.

[10] Ef 2, 4.

A redenção é fruto da "misericórdia" divina que já teve início na concepção do Verbo no seio da Virgem Maria[12]. Segundo o doutor franciscano, esta se mostra como obra de misericórdia e de poder; porque manifestativa da larguesa e da verdade; da misericórdia em relação ao pecado original; da larguesa em referência a difusão do Espírito Santo e da verdade, quando diz respeito à realização das promessas[13]. Com efeito, a origem teológica do povo de Deus se encontra no mistério da encarnação que significou manifestação da infinita da misericórdia do Senhor.

O povo de Deus tem a sua origem em virtude da excessiva misericórdia do Senhor que nos visitou mediante o mistério de sua encarnação. Por causa das "entranhas de misericórdia de nosso Deus", o Senhor veio "do amanhecer do alto", afirma o doutor seráfico[14]. Em razão dessa profunda misericórdia, Deus acelerou a sua divina presença na carne na qual nos visitou[15]. Esta "viscera misericordiae" (entranhas da misericordia divina) compreende ao excesso de amor e de compaixão, declara o doutor franciscano[16].

Em seu imenso amor, Deus se revelou como luz para todos os povos, chamando homens e mulheres de todos os tempos a participar de seu povo eleito. Deus Pai envia o seu Filho, a estrela matutina, ao povo cristão em virtude da eficácia da influência e fruto da utilidade universal[17]. Quando são Boaventua usa este termo "utilidade" pensa na finalidade salvífica da encarnação. O Filho não assumiu a carne humana por acaso, mas com o fim de manifestar o seu amor salvífico a todos os povos pagãos.

---

[11] Ibid. c. 1 n. 95, t. VII, p. 32.
[12] In Luc c. 1 n. 94, t. VII, p. 32.
[13] Ibid.
[14] In Luc c. 1 n. 138, t. VII, p. 41.
[15] Ibid. t. VII, p. 42 a.
[16] Ibid.
[17] Eph. Sermo 13. Ibid. t. IX, p. 168 b.

Cita o doutor franciscano o livro do profeta Isaias[18]:

"Portanto, esta visitação do sol sublime não somente aconteceu por causa da consolação, mas também da iluminação. Por conseguinte, se acrescenta: iluminar os que estão nas trevas e permanecem na sombra da morte... Iluminar visitando, isto é, iluminar os que continuam nas trevas, quer dizer, os gentios errantes: o povo que andava nas trevas viu uma grande luz..." [19].

O povo gentio é o povo que andava nas trevas, mas com a chegada de Cristo viu uma grande luz. Este povo é o grande beneficiário da graça que procede do Pai, através de seu Filho Jesus Cristo. Ele é a luz verdadeira e puríssima, sem mancha alguma de culpa que vem com essa missão de iluminar e conduzir o povo errante e perdido[20].

O doutor franciscano chama a Cristo de "nova luz". Assim como o sol do oriente ilustra o mundo todo, assim também é Cristo em seu nascimento. Ele ilumina o mundo todo. O alcance de sua luz e a alegria em razão dessa luz é universal. Cristo é a luz da sabedoria que se manifesta ao povo gentio[21].

Somente a fé em Cristo nos faz compreender e sentir que Cristo, filho de Deus veio em razão da misericórdia, declara o doutor seráfico. E por sua graça e misericórdia libertou o seu povo e lhe concedeu bens espirituais. Logo, ao povo cristão é dado tesouros escondidos[22].

O povo de Deus sempre existiu, desde a criação, no tempo da lei natural, tempo mais apropriado ao Pai celeste. Porém, na plenitude dos tempos, na manifestação plena e abundante da graça de Cristo e de seu

---

[18] Is 9, 2; In Luc c. 1 n. 139, t.VII, p. 42.
[19] Is 9, 2.
[20] Dom. 4 p. Eph. Sermo 1, t. IX, p. 189 b.
[21] II Dom. p. Ephip. sermo 1, p. 180.
[22] De Sanct. Nic. Sermo. t. IX, p. 477.

Espírito Santo, Deus manifestou a sua imensa misericórdia não somente para o povo judeu, mas também para todos os povos.

Este povo constitui os membros do corpo místico de Cristo que tem as suas raízes no chamado e na eleição do povo de Israel no Antigo Testamento. Este povo tem origem histórica no passado que compreende ao tempo da lei natural, ao qual se apropria a Pessoa do Pai.

Com a Vinda de Cristo no mistério de sua encarnação, esse povo dá lugar ao povo cristão, povo da nova Aliança, redimido pela Paixão do Senhor. Entretanto, este povo de Deus convocado procede tanto do povo judeu como do povo gentio, formando um só corpo. Com efeito, o uso da imagem paulina tradicional "corpo" aplicada a Igreja completa a figura "povo", ressaltando a unidade viva e orgânica do povo de Deus. Após o tempo da consumação da Igreja este povo se encontra no estado de glória.

Portanto, este povo tem um passado, uma história porque encontra as suas raízes no chamado Abrãao e dos patriarcas:

"... Israel é nome espiritual: nós somos filhos de Israel e Filhos de Abrãao segundo a promessa, porque somos imitadores da fé de Abrãao" [23].

Além do mais, ressalta o doutor seráfico que o mesmo tem a sua origem e crescimento na história da salvação. Ele é chamado de porção ou propriedade do Senhor. Em vários trechos de suas obras, especialmente no comentário exegético ao evangelho de Lucas, são Boaventura cita passagens bíblicas, ressaltando a relação de pertença a Deus. Neste sentido, compreendemos suas citações frequentes em diversas obras e sermões

[23] Hex. c. 15 n. 25. Ibid. t. III, p. 463. Com a eleição dos patriarcas segundo o doutor franciscano tem lugar a primeira plantação de Deus. Com estabelecimento dos sacrífícios e das leis, tem lugar a produção da folhagem; com a visão dos profetas tem lugar o desabrochar das flores e, por fim, com a difusão dos carismas espirituais no Novo Testamento, no advento de Cristo, tem lugar a plenitude dos frutos nutritivos. Cf. Hex. c. 14 n. 5. Ibid. t. III, p. 431.

litúrgicos referentes à história do povo do Antigo Testamento, como "povo meu" (populus meus)[24], "povo teu" (populus tuum)[25] e povo seu (populus suum)[26]. Afirma o doutor seráfico:

"O Deus de Israel se chama afável benevolência amorosa. Isaías capítulo quarenta e cinco e versículo três: 'Eu sou o Senhor, Deus de Israel, que chamo o teu nome por causa de Jacó meu servo e Israel meu eleito'. E Exôdo, capítulo terceiro versículo quinze: 'Eu sou o Deus de Abrãao, Deus de Isaque e o Deus de Jacó. Este é o meu nome e minha memória'. Portanto, Israel é chamado essa posse o qual é nome de eleição e de graça" [27].

Segundo são Boaventura, a Igreja é povo eleito e escolhido. Deus chama uma multidão à fé de todos os estados, de todas as gentes e de todos os tempos conforme a sua liberalidade e benignidade a fim de reunir um povo[28]. Neste sentido, o povo de Deus é um "povo congregado" dentre "muitos" que são chamados[29]. Este povo é chamado à participação na refeição eterna e em sua glória[30]. Com efeito, quando Senhor convoca, um jejum é santificado, os fiéis são chamados, o povo é reunido, os anciãos da assembléia são santificados e os pobres são congregados, afirma o doutor franciscano[31].

Em outra passagem de sua exegese ao evangelho de Lucas, o doutor franciscano, declara que em sua condição social este povo visitado é

---

[24] In Lc c. 2 n. 6. Ibid. t. IX, p. 45 b.
[25] In Lc c. 1 n. 107. Ibid. p. 35 b. Ibid. c. 4 n. 88, p. 109 b. *"Em todas as coisas glorificaste o teu povo, Senhor, e também o exaltastes, e o assistis em todos os tempos e em todo lugar"*. (Sb 19, 22).
[26] In Lc c. 8 n. 84. Ibid. p. 188 b. *"Segundo o evangelho de Mateus: 'Ele (Cristo) salvou o seu povo de seus pecados'"*.
[27] In Luc. c. 1 n. 121. Ibid. t.VII, p. 39.
[28] Ibid. c. 14 n. 37. Ibid. t. VII, p. 370.
[29] Ibid.
[30] Ibid.
[31] Ibid.

humilde e pobre. Com efeito, o Senhor Jesus Cristo veio para libertar os pobres. Daí porque Cristo se fez pobre e nasceu humilde numa manjedoura[32]. Segundo o doutor franciscano, Cristo é sinal ou testemunho de fé de humildade e pobreza[33]. De acordo com a narrativa de Lucas, os pastores que receberam a Boa Nova do nascimento de Cristo simbolizam esse povo de Deus pobre, desprezado e constituído de gente simples[34].

Deus chama e congrega um só povo. A razão dessa eleição em Cristo resultou na derrubada dos muros da inimizade, na reconciliação do povo com Deus, na congregação de judeus e gentios, de modo a realizar a unidade querida por Deus, recriando em Cristo um só homem novo, como é dito na carta aos Efésios[35].

Judeus e gentios são simbolizados por dois animais, o boi e o asno, conforme declara o profeta Isaías[36]. O boi representa o povo judeu e o asno o povo pagão[37]. Este boi acentua o doutor franciscano significa a Igreja nascente de ordem apostólica[38]. Essa Igreja começou com os judeus que se converteram[39].

Sendo meio ou pessoa média no seio da Trindade, Cristo encarnado, nascido da Virgem, se fez presente no meio de dois animais, ou seja, segundo o profeta Baruque, em meio a bois e asnos, assim como se apresenta no presépio. Ele nasceu e se colocou no meio com a missão de

---

32 *"Por povo se entende a gente humilde, entre os quais Cristo humilde não o desprezou isto porque segundo diz o salmo (Sl 136, 6): 'O Senhor altíssimo olha para os humildes'"*. In Lc c. 2 n. 26 e 27. Ibid. t. IX p. 50; c. 3 n. 48. Ibid. p. 82 a.

33 Ibid. n. 27.

34 Ibid. 1 Cor 1, 26 ss.

35 Ef 2, 14. In Luc c. 13 n. 35. Ibid. t. VII 345; c. 14 n. 13, t.VII, p. 361.

36 Is 1, 3 e 32, 20. In Luc c. 13 n. 35 p. 345 b. A Igreja é congregada do povo judaico e do povo gentio.

37 Cf. também Hex. c. 15 n. 25. Ibid. t. III, p. 463-465.

38 Ibid. p. 465.

39 Hex. c. 16 n. 22. Ibid. t. III, p. 406.

educar o povo judeu e o cristão[40]. Por isso, Cristo nasceu entre dois povos, chamados a adoração e ao culto[41].

Em seu sermão sobre o santíssimo Corpo de Cristo, o doutor franciscano, em seu discurso sobre as figuras ou imagens bíblicas da Eucaristia fala do báculo que significa a cruz (*crux*); também se refere ao báculo de Jacó (*baculo Iacob*) que simboliza Cristo (*Christus*); da passagem pelo rio Jordão (*transivit Iordanem)* significando as correntes deste mundo que, por sua vez, trazem consigo duas equipes (*due turmas*), a saber, uma grande multidão de almas congregadas de judeus e gentios[42]. Com efeito, na celebração da ceia eucarística se faz a memória da paixão do Senhor, acontecimento fundante da Igreja, a qual é formada por judeus e gentios.

Constituída nas origens somente por judeus, por que a Igreja se tornou um povo de gentios? Outrora o povo judeu e o povo pagão constituíam um só Reino. Com o passar do tempo, a multidão de judeus se dispersa por causa do pecado da incredulidade e dá lugar a entrada do povo pagão, na plenitude dos tempos[43].

Com efeito, esta Igreja aberta a todos os povos se torna Igreja dos gentios. Entretanto, este povo pagão carente do conhecimento da fé e necessitados da graça são chamados à conversão e a contínua santidade. Isto porque conforme o evangelho segundo Mateus muitos são chamados, mas poucos são os escolhidos[44].

---

[40] III Dom. Adv. sermo 2. p. 60. Cf. Hab 3, 1 ss.
[41] In Nat. Dom. Sermo 22 p. 123 b.
[42] De sanct. Corp. Christi n. 28. Buenaventura, *Obras de San Buenaventura*, t. 2. Madrid: BAC, p. 641.
[43] In Luc c. 3 n. 5. Ibid. t. VII, p. 71.
[44] Ibid. c. 14 n. 37. Ibid. p. 370.

Segundo o doutor franciscano, além da continuidade, há também descontinuidade entre o povo de Israel do Antigo Testamento e o Povo do Novo Testamento. Com a chegada de Cristo, a Igreja se abre universalmente a todos os povos de modo que Cristo não se apresenta somente como Rei e Sacerdote do povo judeu, mas de todas as nações. Portanto, a extensão e a unidade de seu Reino se tornam universal.

Segundo o doutor seráfico em um de seus sermões teológicos ao explanar sobre o segundo aspecto do Reino de Deus declara que este Reino em sua extensão é imenso pela latitude de sua caridade que não pode ser coagida e que neste Reino se encontram homens de toda tribo, língua, povo e nação[45]. Porém, a caridade em nenhum (povo) se limita ou se esgota, mas tende a se dilatar quando se percebe que aumenta a glória em proporção ao número dos bem-aventurados[46].

Sendo Deus "amor" ou "caridade", as fronteiras de sua justiça se ampliam a todos aqueles que o desejam e o buscam. A misericórdia do Senhor tende sempre a se dilatar e a alcançar homens e mulheres de ontem, hoje e sempre, porque o Reino de Deus é mistério de amor capaz de se estender a todos.

Tal é o significado da manifestação de Cristo no mistério da encarnação. A esperança é que o povo judeu retorne a fé e ao louvor de Deus, no final dos tempos, após a plenitude dos gentios[47]. Os judeus incrédulos não concordam com a afluência da misericórdia de Deus, nem

[45] Ap 5, 9: "*Redimiste Deus em teu sangue toda tribo, língua, povo e nação*", cita o doutor seráfico.
[46] Regn. Dei n. 17. Ibid. t. III, p. 687-689.
[47] In Luc c. 15 n. 76. Ibid. t. VII, p. 358.

com a sua justiça. Daí porque não aceitam entrar na unidade da caridade da Igreja ou eclesiástica[48].

2. A graça na constituição do povo de Deus

A constituição do povo que o Senhor visitou tem o seu fundamento e princípio não somente na missão do Filho, mas também na missão do Espírito Santo. Segundo a graça, este tem a sua origem e formação do alto, constituindo a "cidade celeste" ou a "a nova Jerusalém" que desce do céu da parte de Deus[49]. Ela é a nova esposa, preparada e ornada para o seu esposo; é também chamada de "mãe Igreja", porque descendo do céu por meio do Espírito Santo é fundada na terra. Esta Igreja é a Igreja congregada dos gentios[50].

A Igreja celeste em sua ordem e formação hierárquica é mediação do influxo da graça da Trindade que constitui a Igreja na terra. Logo, este povo é constituído pela graça tanto no céu como na terra. Contudo, a Igreja celeste ou Jerusalém celeste se encontra na origem, na formação e na meta do povo peregrino ou Igreja militante na terra.

Mas que relação há entre essa Jerusalém celeste que desce do céu em virtude do Espírito Santo e a formação da Igreja na terra?

Essa nova esposa que desce do céu é aquela pela qual Cristo e a Trindade configura a ordem da Igreja na terra através do movimento de descendência. Em sua condescendência, Cristo desce, abaixando-se às

---

[48] Rm 10, 3. In Luc c. 15 n. 47, Ibid. p. 400. Interpretando um texto do evangelho de Lucas, o doutor seráfico declara que o povo judaico é simbolizado pelo fariseu que entra e reza no templo, o qual é rejeitado por causa de sua atitude de orgulho, enquanto o povo gentio, simbolizado pelo publicano é eleito por causa de sua humildade. O povo dos gentios é considerado um povo de gente humilde. Povo que se arrepende, se reconhecendo pecador e que se aproxima de Deus. Cf. Lc 18, 14. In Luc c. 18 n. 25, p.457.

[49] Circum. Domin. Sermo 1. Ibid. t. IX, p. 135 b.

[50] Cf. também Hex. c. 22 n. 2, t. III, p. 607-609. A Jerusalém celeste é a nossa mãe, porque é mãe das influências (quer dizer, a atuação da graça e os seus efeitos), pela qual somos filhos de Deus.

criaturas ordenando com o seu Espírito Santo a Igreja na terra e faz descer a "Jerusalém celeste" ou Igreja do céu.

O movimento de descendência é fruto da "influencia" (influentia), ou seja, da presença de Cristo, e por outro lado, na ascendência, acontece movimento de retorno da Igreja e de todas as criaturas a unidade da Trindade que, em última análise, se encontra na Pessoa do Pai. Essa influência que procede de Cristo, cabeça da Igreja, opera tanto o descender como o ascender.

Portanto, de acordo com são Boaventura, a hierarquia da Igreja celeste tem papel relevante na origem e formação da Igreja militante[51]. A hierarquia angélica ou "Jerusalém celeste" não somente é a origem, mas também o exemplar e o fim da Igreja na terra. Com efeito, a Igreja militante na terra descende da Jerusalém celeste.

Tal relação recíproca e profunda, unindo céu e terra, é própria da missão de Cristo que desce para incorporar a hierarquia da Igreja na terra à ordem da Jerusalém celeste. Por conseguinte, a Igreja na terra está sempre ascendendo à configuração hierárquica ou ordenada da Igreja celeste. Em seu movimento de ascendência para o Pai, Cristo conduz a Igreja terrena à perfeição da unidade que reina na Jerusalém do céu.

Enquanto Cristo está presente na Igreja celeste em virtude da glória já alcançada na ressurreição e ascensão (in patria), na Igreja militante ou a caminho na terra (in via) está presente mediante a sua graça visto que a mesma ainda não alcançou o estado perfeito e acabado da Igreja triunfante.

Todavia, conforme o livro do Apocalipse, a Igreja na terra se chama "nova", mas somente em relação à sinagoga, ou seja, ao povo judeu

---

[51] HELLMANN, J. A. Wayne. *Divine and Created Order in Bonaventure's Theology,* tr. ing. New York: the Franciscan Institute San Bonaventure, 2001, p. 129.

incrédulo, que não acolheu o dom da fé em Jesus Cristo, observa são Boaventura[52]. Em outras palavras, expressa essa descontinuidade histórica em relação àqueles que conheceram as promessas, mas não creram em Cristo. Porque segundo pensamento tipicamente boaventuriano, a Igreja sempre existiu desde os primórdios dos tempos. Entretanto, em meio às viscissitudes do tempo se dá essa passagem de um povo escolhido para outro; do povo judeu ao povo pagão que se converte a fé.

Com efeito, observa ainda o doutor franciscano que essa relação esponsal com a Igreja, ao contrário da antiga, não é carnal, marcada por uma circuncisão física, mas espiritual, baseada na graça do Espírito Santo.

O doutor seráfico fala da terceira Idade, período no qual em Abrãao, Deus chama os eleitos e, por conseguinte, tem início a sinagoga que deveria gerar e frutificar uma descendência para o culto a Deus[53]. É o tempo do florescimento da circuncisão pela carne. Contudo, desde o período que se estende do cativeiro da Babilônia até a chegada de Cristo, o tempo da sinagoga começa a declinar[54].

O doutor franciscano compreende o Antigo Testamento como contendo figuras, sacramentos ou símbolos imperfeitos e transitórios que preparam a realização ou perfeição no Novo Testamento, tempo da Vinda de Cristo e advento da Lei da graça.

Com a ação fundante do Espírito Santo esta Igreja eleita, chamada e congregada se expande a todas as gentes. De certo modo, não se trata de outro povo de Deus, ou outra Igreja ou de outra fé, mas do mesmo povo que crê e espera em Cristo, seja no Antigo ou no Novo Testamento. No tempo da graça ou tempo do Espírito Santo, essa continuidade se dá

---

[52] Ibid.
[53] Brev. prol. p. 2 n. 2. Ibid. t. I, p. 177; Hex. c. 15 n. 14. Ibid. t. III, p. 457.
[54] Hex. c. 15 n. 16. Ibid. p. 459.

mediante a infinita misericórdia divina que em Cristo, o Verbo encarnado alarga o seu convite, estendendo a todos a possibilidade de se tornarem filhos e filhas de Deus; irmãos e irmãs de Jesus Cristo.

Por sua vez, esta nova esposa é chamada à celebração das núpcias na celebração da Eucaristia. Este sacramento do altar é o novo banquete das bodas onde o próprio Verbo, esposo da Igreja se dá sacramentalmente como alimento celeste. Trata-se de verdadeiro sinal sacramental visível e eficaz da contínua e eterna presença do Esposo à sua esposa.

A Eucaristia é o banquete que celebra o sacríficio do Cordeiro, Cristo crucificado; expressão da misericórdia de Deus para com os pecadores, carentes da graça[55]. É mistério de nossa redenção que se atualiza sacramental e misticamente a cada celebração. E, por sua vez, a Igreja de Deus é o lugar da páscoa, isto é, onde há "água de reparação", afluência de toda jocundidade e reparação[56]. Na Eucaristia se manifesta a condescendencia humilde e a comunicação liberal da graça divina porque é "refeição da caridade"[57]. O Espirito Santo é simbolizado pelo "fogo" ou segundo a virtude do Verbo divino com a participação dos ministros ou sacerdotes pelos quais este banquete é preparado[58]. Com efeito, Cristo e o Espírito Santo realizam a eficácia da graça desse sacramento com a colaboração e mediação humana dos ministros ordenados.

O doutor franciscano se referindo à parábola do filho pródigo compara a atitude do povo judeu incrédulo ao filho mais velho e a do filho perdido ao povo dos gentios[59]. Os pagãos chamados a fé em Jesus Cristo são aqueles que retornam a casa do Pai porque fazem penitência, se abrindo

---

[55] Fer. sexta in par. Sermo 1, t. IX, p. 259 a.
[56] In Coen. Dom. Sermo 5, t. IX, p. 257 b.
[57] Ibid.
[58] Ibid.
[59] Lc 15, 22 ss. Ibid.

mais docilmente à graça. Por sua vez, a preparação do novilho cevado da parte do Pai para acolher o filho simboliza o corpo de Cristo eucarístico, momento em que os fiéis encontram coro e sinfonia, isto é, doçura e consolação espiritual. Entretanto, enquanto o povo judeu não quer comungar, quer dizer, se recuza a crer no sacramento do Altar, o povo gentio é admitido quando pela fé é iluminado[60].

Por fim, segundo são Boaventura, o povo de Deus também se distingue daqueles filósofos que ignoram a fé, porque, ao contrário, o primeiro possui a luz da fé, que segundo a primeira carta de são Pedro[61], constitui um povo:

"de linhagem escolhida, sacerdócio real, gente santa, povo adquirido para anunciar as maravilhas daquele que o tirou das trevas para a sua luz admirável" [62].

Neste sentido, segundo o doutor franciscano somente pela virtude teologal da fé e pelos sacramentos da fé nos tornamos membros da Igreja e, por conseguinte, somos "povo de Deus". A fé é a porta de entrada que nos constitui povo eleito e escolhido pelo Senhor e que nos ordena ao corpo místico de Cristo. Na verdade, segundo a intenção e o plano salvífico de Deus, há unidade na caridade, porque reúne e une ao longo dos tempos um só povo desde o tempo da lei natural, passando pelo tempo da lei escrita até chegar ao tempo da lei graça.

---

[60] Ibid.

[61] 1 Pd 2,9.

[62] Cf. Hex. 7, 3. Ibid. t. III, p. 321. Opondo-se ao racionalismo, são Boaventura muito critica aos chamados "filósofos" do seu tempo. Segundo o seráfico doutor, quando o povo se baseia no raciocínio dos filósofos e não no conhecimento da fé segundo a sagrada Escritura é como que retornar à escravidão do Egito. Igualmente significa inverter o verdadeiro sentido do milagre das "Bodas de Caná na Galiléia", cujo sinal Cristo transformou a água em vinho e não ao contrário. Ou então quando as pedras se convertem em pão e não ao contrário. Hex. 19, 10-13. Ibid. p. 543.

No tempo acontece em virtude do Espírito Santo graduação progressiva até chegar ao momento perfeito da manifestação da luz da Sabedoria divina, tempo em que todos os povos são chamados a salvação. Por conseguinte, Cristo se encontra no centro ou no meio deste povo escolhido[63].

3. A Igreja é o povo de Deus ordenado

Para s. Boaventura a Igreja é "povo de Deus" distinto, diverso e ordenado[64]. Ele usa essa expressão quando no Brevilóquio, sua breve suma de teologia, a partir dos sacramentos do batismo, da crisma e da ordem procura argumentar a necessária graduação e ordem que existe no seio do povo da Igreja[65]. Segundo o doutor franciscano, a Igreja é constituída por uma graduação hierárquica ou uma hierarquia onde há distinção, beleza e ordem. Se assim não fosse segundo o desígnio de Deus, reinaria na Igreja somente confusão.

Por conseguinte, nessa hierarquia da Igreja onde há pluralidade, harmonia e ordem se reflete o ser e o agir da ssma. Trindade como veremos em seguida. Nesta hierarquia se ordena o "povo de Deus". Por conseguinte, pelo sacramento do batismo o povo de Deus é constituído. Em virtude da misericórdia divina, e mediante o sacrifício de Cristo na cruz, pelo Espírito Santo renascemos espiritualmente no batismo e somos congregados em relação recíproca na Igreja[66].

Há um tríplice estado da fé que permite fazer distinção dentro do povo cristão, ou seja, no exercício da hierarquia eclesiástica, afirma o doutor seráfico. Trata-se da fé recém-gerada, da fé corroborada e da fé

[63] Dom. 22 p. pent. Sermo 2, t. IX, p. 444.
[64] III Sent. d. 3 p. 2. a. 3. q. I. Ibid. t. III, p. 83; IV Sent. d. 6 a. unic. q. 4. Ibid. t. IV, p. 143.
[65] Cf. Brev. 6, c. 6 n. 4 e 5, in: *Obras de São Boaventura*, t. I, trad. bilíngüe, Madrid: BAC, 1945, p. 457.
[66] Ibi. n. 3, p. 133.

multiplicada. Cada estado da fé imprime caracteres que uma vez impressos indelevelmente, sempre se distinguem, mas nunca podem ser repetidos. Tal caráter é sinal distintivo do povo de Deus. Em primeiro lugar, essa distinção se dá através do batismo que é o sacramento daqueles que são gerados na fé.

Neste sentido, se distingue ou se separa o povo de Deus dos incrédulos, assim como se diferencia os israelitas dos egípcios. Por causa do batismo que imprime caráter permanente se distingue esse povo do povo não cristão[67]. Mediante este sacramento é constituído e ordenado o povo de Deus. Portanto, o batismo é o sacramento que incorpora pela graça ao corpo místico de Cristo e confere ao povo de Deus a beleza de sua hierarquia ou ordenação.

Além do sacramento que é a raiz e o fundamento dos outros caracteres, temos em seguida o sacramento da crisma e da ordem. Estes também imprimem caráter de modo que não podem ser repetidos. Pelo sacramento da crisma se distingue no povo de Deus, aqueles que são fortes e fracos na vivência da fé e pelo sacramento da ordem se distingue os clérigos dos leigos.

Em suma, segundo s. Boaventura, o povo de Deus é um povo hierarquizado. Nele resplandece a ordem da Trindade divina. Não somente em virtude da distribuição do poder de jurisdição, mas também da organização, da diversidade, da harmonia e graduação dos estados, serviços e atividades na Igreja. Para são Boaventura "hierarquia" é um conceito teológico aplicado também a eclesiologia. Por conseguinte, este povo em virtude da graça dos sacramentos é inserido e configurado na dinâmica espiritual e ministeiral do reinado e do sacerdócio de Cristo.

---

[67] Brev. 6, c. 6, n. 4, in: *Obras de São Boaventura*, t. I, p. 457.

4. Sacerdócio régio do povo de Deus

Na passagem da primeira carta de são Pedro bem como em outras passagens da Escritura, são Boaventura reconhece o valor e a dignidade do lugar de todo povo cristão na participação do sacerdócio régio de Cristo. É um povo chamado à santidade de seu testemunho de vida e à missão, anunciando as maravilhas do Senhor.

A fé é uma adesão livre e consciente, mediante a graça do Espírito Santo, comum a todos os que são incorporados ao povo cristão pelo batismo e aperfeiçoados na participação devota da eucaristia. Além do mais, a fé segundo o doutor franciscano nos dá à luz divina que nos faz compreender os mistérios de Deus na criação e na história.

Qual a origem desse povo?

Está no mistério da encarnação e da Paixão do Senhor. A Paixão é o momento decisivo pela qual o Senhor gera, resgata e adquire um povo, o povo da Igreja. Entretanto, esse acontecimento não pode ser entendido a não ser na unidade e totalidade do mistério da encarnação, ressurreição, ascensão e pentesotes que nos valeu a salvação. É neste momento que Deus em seu Filho Jesus Cristo manifestou ao seu povo a sua imensa misericórdia. O sangue de Cristo derramado na cruz possui virtude redentora e formadora do povo de Deus. Por conseguinte, segundo são Boaventura, este povo, que foi resgatado dos ímpios, reunido das nações e remido em Cristo, pela aspersão de seu sangue, participa de seu sacerdócio e do seu reinado, conforme as Escrituras:

"Há virtude que aperfeiçoa a indigência humana porque o sangue do Deus altíssimo, segundo o que diz o livro do Apocalipse, capítulo quinto: 'Digno és, Senhor Deus de receber o livro e abrir os seus sete sinais porque remiste com o teu sangue povos de todas as tribos, línguas e

povos e nações, quanto ao afastamento de todos os maus; e fizeste de nós reino e sacerdócio de nosso Deus, quanto à reunião de todos os bons. Em suma, maravilhosa perfeição é essa virtude que de servos faz senhores e reis, e de ímpios, sacerdotes. Esse possui o sangue de Cristo, segundo o que se diz na primeira carta de Pedro: 'eleitos vindos da dispersão, em obediência a aspersão do sangue de Jesus Cristo, etc. E acrescenta: 'então vós sois gente eleita, sacerdócio real', porque feitos irmãos de Cristo, pelo sangue de sua aspersão. Mas Cristo é rei e sacerdote: portanto, em virtude do sangue de Cristo somos reis e sacerdotes. Se somos reis, não deve reinar o pecado em nossos corpos mortais; se somos sacerdotes, cada um deve possuir o seu vaso pela santificação e pela honra"[68].

E em outra passagem ele diz:

"...e no livro do apocalipse (1, 4-6): graça e paz a nosso senhor Jesus Cristo que é a testemunha fiel, primogênito de entre os mortos e príncipe dos reis da terra que nos ama e nos lava de nossos pecados com o seu sangue; e nos fez reino e sacerdotes de seu Deus e Pai. – Por que primogênito? Porque testemunha fiel, por causa do padecimento, da ofensa e do desprezo. Logo, primogênito de entre os mortos e príncipe dos reis da terra"[69].

E ainda em outro lugar, em sua exegese simbólica do evangelho segundo Lucas[70]:

"... Cristo deu o exemplo a todos os pontífices e também a todos os cristãos que constituem sacerdócio real...",

citando a primeira carta de Pedro[71].

---

[68] Epiph. Sermo I. Ibid. t. IX, p. 148.
[69] De Nos. Redemp. Sermo II. Ibid. t. IX, p. 727.
[70] In Luc. 23, n.41, t. VII, p. 577a.

Cristo é modelo de todo sacerdócio real e também fonte da qual deriva toda ação real e sacerdotal. Segundo o doutor seráfico, o povo de Deus é povo real e sacerdotal porque somos todos irmãos de Cristo. Conforme o carisma ou estado de vida, Cristo age como rei e sacerdote na vida de cada cristão. Cristo em seu reinado e senhorio não somente rege no coração dos fiéis batizados, mas continua agindo sacramentalmente em cada um deles, no exercício de seus dons, carismas e ofícios. Trata-se da realeza sacerdotal de Cristo que continua no tempo após a sua morte, ressurreição e ascensão. Portanto, de modo interior, místico e sacramental, Cristo age como rei e sacerdote na vida e na função do povo de Deus escolhido e separado para o culto a Deus.

5. Sacerdocio comum e sacerdócio ministerial

A idéia de sacerdócio comum que emerge em são Boaventura se distingue do sacerdócio ministerial e é realizado, em virtude do sangue de Cristo, que nos dá o dom da graça que nos aperfeiçoa e conduz à santidade. Portanto, é um sacerdócio e um reinado exercido pelo testemunho de nossa fé e pela coerência e santidade de nossa vida. O sacerdócio ministerial, por sua vez, é um serviço ou ministério em favor de todo povo eleito e sacerdotal. Porém, ambos são exercidos de forma distinta no âmbito do povo de Deus.

Este povo é aquele rebanho alimentado, apascentado e instruído por Deus[72]. Cristo é realmente o pastor que conduz o seu povo. Entretanto, ele apascenta o seu povo mediante o ministério de seus pastores na terra. Eles são instrumentos ou meios de Cristo no exercício de seu cuidado pastoral para com o povo de Deus; são mediadores entre Deus e o seu povo a

---

[71] 1 Pd 2, 9.

[72] De Decem praec. c. 2, n. 11. *Obras de San Buenaventura*, t. V, 1ª. ed. Madrid: BAC, 1948, p. 637. Citando o salmo 99, 3 e 94, 5-7 declara: "*... Ele é o Senhor nosso Deus, e nós o seu povo a quem apascenta e ovelhas de sua grei*". Cf. também: In Luc. XV, n. 35. Ibid. t. VII, p. 396.

exemplo de Moisés e Aarão[73]. São Boaventura cita passagens do Antigo Testamento, associando o ministério sacerdotal à figura de Aarão no Antigo Testamento[74]. Aarão é o irmão de Moisés; é o símbolo da dignidade sacerdotal e figura do ministério pastoral.

Portanto, Cristo quer conduzir o seu povo através de seus ministros ordenados. Neste sentido, explicando a função ministerial dos sacerdotes ou pontífices, s. Boaventura se refere ao povo eclesiástico ou povo da Igreja usando a imagem de "horta" ou do "paraíso" porque plantado por Deus e que floresce em multiformes virtudes, cuja função do sacerdote é ser zeloso agricultor.

Assim como Adão no paraíso, também o sacerdote é colocado no meio do povo para guardá-lo e cultivá-lo. S. Boaventura chama o povo cristão de "edifício", "construção de Deus", cuja função sacerdotal é aquela de arquiteto, isto é, fundar e promover o povo na verdade da fé[75].

O doutor seráfico argumenta que quanto mais santa é a vida do sacerdote, pastor do rebanho de Deus, conseqüentemente será mais santa a vida do povo[76]. Este povo, isto é, o povo cristão é semelhante a um rebanho errante, perdido e colocado entre os lobos, necessitando, pois, do cuidado do pastor[77]. No parágrafo seguinte, são Boaventura continua a reflexão sobre o papel do sacerdote ou pontífice em relação ao povo, argumentando que o mesmo deve se assemelhar ao afeto do pai para com o seu filho, da mãe para a prole, da nutridora à criança:

---

[73] De sanct. Apos. Pet. et Paul. Sermo II (IX 549 a).
[74] IV Sent. d. 24 p. 1 a. 3 q. 3. Ibid. t. IV, p. 617.
[75] Cf. Apol. paup. c.12, n. 3. *Obras de San Buenaventura*, t. VI, 1ª. ed. Madrid: BAC, 1947, p. 661.
[76] Ibid. n. 4.
[77] Apol. paup. c. 12, n. 6. Ibid. t. VI, p. 663.

"... o apóstolo declara que algumas vezes 'gerou em Cristo' aos fiéis...; outras vezes, fala: 'que lhes amamenta como a pequenos em Cristo'. Assim como não é incomodo, mas desejável, querido e prazeiroso ao pai, ou a mãe ou a nutridora sustentar ao filho pobrezinho, proteger a prole indefesa e dar de mamar ao que chora, igualmente deve ser grande consolação para todos os sacerdotes santos e piedosos que procuram a salvação dos povos que lhes são confiados"[78].

Para são Boaventura o testemunho do apóstolo Paulo é o modelo dessa relação afetiva para com o povo[79]. Com efeito, é importante observar nesta sua reflexão sobre a razão do ministério sacerdotal ao se referir a Igreja prefere usar sempre a expressão "povo" ou "povo cristão" ou "povo eclesiástico". Além disso, encontramos neste texto da Apologia dos Pobres (Apologia Pauperum) um traço de sua espiritualidade franciscana ao falar do cuidado afetivo do pai e da mãe para com os seus filhos. O povo é semelhante a crianças pobrezinhas (pequenos em Cristo) colocadas sobre o colo do pai e da mãe, representando assim o cuidado familiar e pastoral exercido pelos ministros ordenados.

6. O povo de Deus e a Eucaristia

Em outro lugar, associando-o ao contexto eucarístico o doutor franciscano fala da imagem da "água" misturada ao vinho, que representa o "povo de Cristo" unido à paixão do Senhor[80]. Com efeito, na transubstanciação do sangue de Cristo misturado à água simboliza e realiza a comunhão de Cristo com o seu povo. Cita são Boaventura passagem da carta de são Paulo:

---

78 Ibid. n. 7. Ibid. t. VI, p. 665.

79 Cf. 1 Cor 4, 15; 3, 2; cf. Hb 5, 12ss. Ibid. nota de rodapé n. 15, t. VI, p. 664.

80 In Luc c. 22. n. 28. Ibid. t. VII, p. 547.

"o cálice que bebemos não a comunhão com o sangue de Cristo?"[81].

A imagem "povo" tem assim dimensão teologal e cristológica. Ao relacionar o povo de Deus a Jesus Cristo enfatiza a origem, o meio e a comunhão dos membros da Igreja.

Como distinguir esse povo? Quem é este povo?

Para ele a Igreja é "Populus Domini" e "Corpus Mysticum" fruto do "Corpus Christi verum". Este é o povo que Cristo Nosso Senhor adquiriu para si, povo numeroso, distintos e separados entre si, mas que são unindos em virtude dos efeitos de sua graça ao seu corpo místico.

Há nele muitos membros diferentes entre si: peregrinos e enfermos; e aqueles que são assediados por pecados cotidianos[82]. Estes membros estão separados temporal e geograficamente um do outro. Daí a necessidade de um sinal que não somente alimente e fortaleça esse povo, mas também o congregue invisivelmente na unidade do corpo místico de Cristo. Um alimento "comum" a todos que estabeleça sacramentalmente uma conexão exterior. Um sinal visível de unidade. Porque não basta apenas um vínculo interior por meio das virtudes. É necessário a visibilização da graça através do alimento adequadamente escolhido. Tal alimento nos é dado na Eucaristia. Este constitui o verdadeiro corpo de Cristo.

Segundo o doutor franciscano não se pode pensar o povo do Senhor sem a Eucaristia. É por meio dela que Cristo cabeça, hierarca e esposo da Igreja alimenta seu povo e o fortalece na unidade. E através da virtude da caridade forma a Comunidade e, por conseguinte, estabelece relações de fraternidade dos membros entre si.

---

[81] 1 Cor 10, 16.

[82] Cf. IV Sent., d. 10, p. 1, a. um. ad 29. BONAVENTURAE. *Commentaria in Quatuor Libros Sententiarium Magistri Petri Lombardi, Opera Omnia,* t. IV, Firenze: Ad Claras Aquas (Quaracchi), Ex Typografhia Colleggi S. Bonaventurae, 1889, p. 218.

7. Os membros do povo de Deus

Distinto e concretamente, quem faz parte deste "povo de Deus"?

Segundo s. Boaventura são os clérigos, isto é, o papa, os cardeais, doutores, patriarcas e sacerdotes; os religiosos, as virgens; os leigos, como por exemplo, aqueles que são nobres, os reis, os príncipes, os duques, etc.; os pobres: os aflitos, os órfãos, os necessitados, os peregrinos, os presos, os débeis e doentes. Estes e outros constituem o "povo de Deus" (populus Dei) afirma s. Boaventura a quem os sacerdotes dirigem as orações na celebração da missa[83].

Em seu sermão "Corpus Christi" fala de "Ecclesia" como "populus". Este povo compreende toda Igreja seja militante ou peregrina, isto é, aqueles que combatem na terra e estão a caminho; purificante, isto é, aqueles que estão em estado de purificação, e triunfante ou celeste, que são os eleitos que por nós intercedem no céu. Entretanto, o povo da Igreja militante ou peregrina na terra é um povo constituído de justos e pecadores.

O povo de Deus é constituído pelas ordens ou estados de vida que compreendem aos leigos, clérigos e religiosos. Em seu sermão litúrgico sobre a festa da Ascensão do Senhor, s. Boaventura ensina que o Senhor se elevou ao céu diante de seu povo, abrindo o caminho para a entrada em seu Reino e, por conseguinte, à participação de seu banquete. Mas há condições segundo o doutor seráfico para ser reconhecido e recebido na morada do Senhor após a sua Ascensão. Declara o doutor franciscano que devemos nos esforçar para sermos reconhecidos e acolhidos pelo Senhor como membros de sua família ou de seu povo.

---

[83] Praep. miss. c. 1 n. 19. BUENAVENTURA. *Obras de San Buenaventura*, t. II, 3ª. ed., Madrid: BAC, 1967, p. 708.

Quem pode e como participar do banquete do Senhor e ser recebido em sua casa, medita o santo doutor? Cada um conforme o seu estado de vida deve dar testemunho de povo de Deus.

S. Boaventura afirma que são os "leigos" aqueles que se reconhecem da parte de Cristo, o confessa fielmente. Com efeito, ao se reconhecer da parte de Cristo, devem usar a "insígnia" da fé pautada na verdade das boas obras.

Os "clérigos", homens de sabedoria, são os portadores das cartas do Senhor com o selo da caridade. Ao povo devem pregar com verdade.

Os "religiosos" também são chamados a entrar no Reino quando se tornam amigos e seguidores de Cristo na perseverança.

E, por fim, os "perfeitos" entram na morada do Senhor porque imitam a Cristo em sua Paixão e, por conseguinte, se vestem com roupas de pano semelhantes a Cristo[84]. Segundo o doutor franciscano todo carisma, ministério e estado de vida tem orientação escatológica à perfeição evangélica. Daí porque todo povo é chamado a conformar sua vida à perfeição de Cristo crucificado.

Portanto, à luz dessas considerações, se percebe que, segundo s. Boaventura nenhum membro do Povo de Deus é inativo, mas ativo e participativo na edificação da Igreja. Cada um conforme o seu estado ou forma de vida ou carisma ou ainda ministério. Enquanto aos clérigos se reserva a mediação sacramental e a pregação na caridade, em vista da purificação, iluminação e aperfeiçoamento espiritual de todo povo[85], os leigos são chamados ao testemunho de sua fé e à práxis da caridade.

---

[84] Cf. In Asc. in: *Obras de San Buenaventura*, Ed. Bilíngüe, t. II, 3ª. Ed., 1967, Madrid: BAC, p. 582-584.
[85] Hex. c. 22, 11-15. Ibid. t. III, p. 616-617.

Entretanto, eles também podem exercer algum ministério conforme a sua condição de leigos no mundo.

Assim acontece, por exemplo, na tríplice ordem dos leigos: "das sagradas plebes, dos sagrados conselheiros e dos sagrados príncipes". No exercício de sua função, os conselheiros são chamados a educar o povo. Por sua vez, o povo bem-educado sabe escolher bons príncipes. Com efeito, bons príncipes têm bons conselheiros, e, por conseqüência, os bons príncipes e os bons conselheiros possuem boa gente[86].

Para são Boaventura estas três ordens que caracterizam o estado leigo estão relacionadas à vida ativa (vita activa). Os leigos participam na produção (productio) do Pai desde a eternidade e no ato da criação de modo que a forma de vida leiga se aplica à formação da sociedade e do mundo[87]. Quer dizer, está a serviço de Deus na sociedade. Tal estado não está fechado em si mesmo, pois em sua dinâmica se abre a outros estados de perfeição. De leigo pode se tornar clérigo ou religioso[88].

Assim como os clérigos e religiosos, tal estado de vida possui a sua forma trinitária e se fundamenta no envio ao mundo do Filho e do Espírito Santo[89].

O leigo em seu estado de vida vive a sua vocação e missão. É chamado ao serviço do Reino de modo que a principal distinção entre a vocação dos leigos e a dos prelados está, sem dúvida, nessa exposição maior ao mundo. Tal serviço no mundo é difícil e perigoso, mas enquanto serviço pastoral é fecundo e necessário[90].

---

[86] Cf. Hex. 22, n. 18, t. III, p. 617.
[87] Hex. 22, n. 18. Ibid. p. 617.
[88] HEINZ, Hanspeter. *Trinitarische begegnungen bei Bonaventura Fruchtbarkeit einer Appropriativen Trinitätstheologie*, Münster: Aschendorff, 1985, p. 257-261.
[89] Hex., 22, 17, Ibid. t. III, p. 617. Cf. Ibid.
[90] Ibid.

Desde o início da Igreja, cujo fundamento se encontra nos patriarcas, apóstolos e profetas, os leigos não deixam de exercer a sua função de testemunha e sinal escatológico no mundo. Uma multidão de mártires, confessores, virgens, etc. sejam homens ou mulheres que ajudam a dilatar a Igreja[91]. Este povo, segundo o doutor seráfico se situa na "ordem dos promoventes" [92]. Eles promovem o crescimento da Igreja.

Além disso, são Boaventura enumera uma lista de ministérios leigos, inserindo uma hierarquia civil a uma hierarquia eclesiástica: ele menciona os reis, imperadores, príncipes, soldados, juízes e notários, conselheiros, pequenos, soldados, ricos e pobres, senhores, servos, casados, virgens, médicos, doentes, sãos ou sadios que imbuídos de caridade indulgente exercem a sua missão no mundo a serviço de Deus e de sua Igreja[93]. Através deles Cristo, verdadeiro mestre no céu e na terra, ensina. Todos eles clérigos ou leigos instruem sejam pelas palavras ou pelo serviço ou testemunho de vida. Deste modo Cristo exerce o seu pastoreio e magistério universalmente, afetando cada membro da Igreja.

Portanto, não somente religiosos e clérigos na eclesiologia de são Boaventura tem o seu valor e dignidade, mas também os leigos são chamados à imitação da perfeição de Cristo vivendo a sua condição de vida no mundo, continuando assim a missão de Cristo rei, sacerdote e mestre.

Essa participação ativa que envolve todos os membros do povo de Deus ordenado hierarquicamente resulta da ação do Espírito Santo. O chamado de cada pessoa supõe um carisma próprio; uma pessoa concreta e singular, incorporada a Cristo pela fé e pela caridade através dos

---

[91] Ibid., 22, 7 e 8.
[92] Ibid., 22, 7.
[93] Dom. XII p. pent. Sermo III. Ibid. t. IX, p. 402a – 403b.

sacramentos. A ninguém o Espírito Santo deixa de fora, mas a todos sem distinção impele a ação e a participação no corpo místico.

8. Povo de Deus a caminho

Na terra somos um povo de peregrinos visto que existimos em estado de peregrinação neste mundo (in via), quer dizer, estamos a caminho, segundo o doutor seráfico. Com efeito, cada membro do povo eleito é um *"pobre peregrino no deserto"* [94]. Todos os membros do povo mediante o dom da fé realizam na terra o seu itinerário para Deus. Tal itinerário se dá de modo gradual e progressivo no tempo de modo que o fiel auxiliado pela graça possa chegar a Páscoa definitva de comunhão com Deus uno e trino.

Segundo s. Boaventura, todos nós membros de seu corpo místico estamos a caminho ao encontro com Deus, assim como os hebreus no deserto em busca da terra prometida. Se no Pai, a primeira pessoa da ssma. Trindade está a origem do povo de Deus, mediante Cristo e o seu Espírito, pela fé e pela caridade, cada membro do povo de Deus retornará ao Pai, no qual se encontra a plenitude da caridade, da graça, da vida e da glória. Na pessoa do Pai se encontra não somente a origem de todos os bens, mas também o seu destino.

"... pondo todo este mundo sensível para nós como espelho pelo qual passamos a Deus, artífice supremo, a fim de que sejamos verdadeiros hebreus que passam do Egito à terra tantas vezes prometida, verdadeiros cristãos que com Cristo passam deste mundo ao Pai..." [95].

O Sacramento do Corpo do Senhor faz da multidão dos eleitos um povo peregrino. Daí porque a Eucaristia é o alimento do povo que está a

---

[94] Cf. tema do capítulo primeiro, Itin. c. 1. Ibid. t. I, p. 565.
[95] Itin. c. 1, n. 9. Ibid. t. I, p. 571.

caminho[96]. Para saciar as suas necessidades espirituais, o povo de Deus conta em sua jornada com a Eucaristia, que é o "sacramento dos peregrinos". Segundo o doutor franciscano, a Eucaristia é chamada de "viático de reparação". É dado aos membros do povo de Deus a caminho e que necessitam ser fortalecidos, restaurados e confortados. Neste sentido, o sacramento da Eucaristia ressalta caráter peregrino do povo de Deus[97].

A Eucaristia é o sacramento da comunhão que une e congrega de forma visível e invisível, interior e exterior, essa multidão do povo de Deus num só corpo[98]. Este sacramento visibiliza a unidade de todo povo de Deus. Além disso, é o sacramento da caridade visto que nos foi dado como sacramento de comunhão para consevar o amor ao próximo. A Eucaristia nos faz crescer interiormente mediante a virtude da caridade, em vínculo de unidade, de modo que possamos dilatar nosso amor ao próximo.

Portanto, a virtude da graça que flui da digna participação na Eucaristia faz crescer o povo de Deus não somente em unidade, mas também no amor fraterno. Por conseguinte, essa graça do Espírito Santo que flui na celebração da Eucaristia inclui e extende universalmente a participação no povo de Deus.

9. A universalidade do povo de Deus

Qual a extensão do povo de Deus? Segundo o doutor seráfico, a graça que flui de Cristo na celebração da Eucaristia alcança a todos os povos sem distinção. Não somente o povo na terra, mas também o povo no céu. Observa são Boaventura que esse "povo" constitui toda Igreja, e abrange a Igreja militante e a triunfante, que recebe por meio da alma devota dos fiéis e do sacerdote a gordura ou abundancia dos bens de Deus

[96] Brev. p. 6, c. 9, n. 3 e 4. Ibid. p. 471.
[97] In Coen. Dom. n. 14. Ibid. t. II, p. 669.
[98] Cf. IV Sent., d. 10, p. 1, a. um. ad 29. Ibid. t. IV, 218.

que contém a Eucaristia. Tal gordura, imagem bíblica é usada por s. Boaventura para falar dos efeitos da Eucaristia produzidas na alma e que afeta cada fiel que comunga dignamente[99].

A abundância da graça que flui desse sacramento alcança a todas as criaturas racionais sem distinção, criando vínculo de integração e fraternidade na Igreja, Corpo místico de Cristo. Em virtude da caridade desse sacramento todos os judeus e pagãos; homens e mulheres de todos os tempos e lugares assim como os bem-aventurados no céu unidos em vínculo indisolúvel constituem o povo de Deus. Neste sentido, a Eucaristia está no centro e opera o diálogo e intercambio de dons e de luzes entre todos os membros do corpo místico.

Por sua vez, a alma do sacerdote na celebração eucarística cheia da abundância da dileção ou do amor divino enche toda a Igreja de modo a dilatar ou projetar a caridade dos fiéis em todas as direções, ampliando ou estendendo a abundância da caridade para todos os lados, enchendo toda Igreja dessa bondade do Senhor, alcançando com a sua graça o povo seja na terra seja no céu, seja no purgatório, pessoas no passado ou aquelas que virão no futuro, benfeitores ou inimigos[100].

Seguindo tradição eclesial e franciscana, o doutor seráfico tem visão mística, cósmica e universalista da salvação e da participação no seio da Igreja, não tanto como entidade institucional, localizada e restrita em determinado tempo, mas na qualidade de corpo místico, afetando em todos os tempos aqueles que crêem em Cristo, unindo-os com Cristo e entre si com o vínculo irrompível da caridade[101].

---

[99] Gen. 49, 20.
[100] Sanct. corp. Sermo III. n. 5. Ibid. t. II, p. 622-23.
[101] Brev. p. 4 c. 4 n. 6. Ibid. t. I, p. 351-353.

Segundo o doutor franciscano, somente a fé em Cristo nos faz compreender e sentir que Cristo, filho de Deus veio em razão da misericórdia. E assim em virtude de sua graça e misericórdia libertou o seu povo e lhe concedeu bens espirituais. Por conseguinte, pela fé ao povo cristão é dado tesouros escondidos[102].

Portanto, todas as pessoas de todos os tempos que crêem de modo implícito ou explicito através da profissão do símbolo apostólico, sendo associadas ao corpo místico de Cristo, são membros do povo de Deus[103]. Portanto, mediante a graça da fé e da caridade, a multidão dos crentes é associada à unidade da Igreja e são participantes já na terra do Reino de Deus.

10. A presença de Deus no meio de seu povo

Segundo o doutor franciscano, este povo é povo eleito não somente em referência ao seu estado de pertença à Igreja pelo batismo ou porque possui a herança dos bens espirituais ou ainda porque foi reconciliado e congregado por Cristo, mas também por causa da "presença" do próprio Cristo real e atual no meio do seu povo. A Eucaristia, por exemplo, é um sinal sacramental da presença de Cristo no meio do povo.

Afirma são Boaventura que a Igreja, povo de Deus, é semelhante a um tabernáculo onde o próprio Deus habita. Ele habita em nós para nos santificar, nos reger e nos proteger. Afirma são Boaventura:

---

[102] De Sanct. Nic.t. IX, Sermones de Tempore, p. 477.

[103] A fé no mediador é necessária à nossa salvação tanto no Antigo como no Novo Testamento. No Antigo Testamento em geral a fé implícita (fides implícita) é suficiente, ao contrário do Novo Testamento que em geral considera a exigência de uma fides magis explicita. Tanto a fé do homem do Antigo como a do Novo Testamento é igual. Ontem se acreditava no Criador e Mediador implicitamente, hoje se crê expressamente, por meio do símbolo apostólico. A fé hoje é revelada e explicitada. Porém, segundo o doutor franciscano a fé implícita é suficiente para a salvação. Cf. Myst. Trin. q. 1 a. 2 fund. 4, in: *Obras de San Buenaventura,* t. V, Madrid: BAC, 1948, p. 123. Cf. BERRESHEIM, H. p. 88.

"Deus não se movimenta desde a eternidade porque habita em Jerusalém, visto que circunda o seu povo, segundo o salmo 124".

Cita também o doutor seráfico a passagem do livro do Apocalipse[104]:

"Eis o tabernáculo de Deus com os homens. Ele será nosso Deus e nós seremos o seu povo" [105].

Mas como se dá essa presença de Deus no meio do seu povo?

Através do mistério da encarnação. Deste modo, Cristo, Verbo encarnado, constitui verdadeiramente "tabernáculo" da presença de Deus em nosso meio. Tal presença é habitação que se realiza gradualmente de modo "corporal", "sacramental" e "espiritual". Portanto, afirma o doutor seráfico, Ele habita em nós corporalmente, porque na encarnação assumiu nossa humanidade; habita em nós, sacramentalmente, através dos sacramentos e modo especial, da Eucaristia; constituindo a nossa sociedade ou comunidade, e espiritualmente, em nossa mente[106].

Esta presença permanente do Senhor na caminhada do seu povo significa ação providente que acompanha, concedendo os carismas e dons da graça, fazendo-o crescer em comunhão e, por conseguinte, conduzindo-o à perfeição na caridade.

Deus habita para sempre no meio de nós e está conosco a semelhança de um tabernáculo. Cristo faz de nós o seu tabernáculo, assim como esteve no seio virginal de Maria. Ele mora conosco e nos reconcila.

Cita o doutor franciscano o prólogo do evangellho de são João:

---

[104] Ap. 21, 3.

[105] In Ioan., c. I. coll. III. n. 6 (VII 538). BONAVENTURAE, *Opera Omnia. Commentarii in Sacram Scripturam.*t. VI. Firenze: Ad Claras Aquas (Quaracchi), Ex Typografhia Colleggi S. Bonaventurae. p. 538.

[106] In Ioan. c. I. coll. III. n. 6. Ibid. t. VI, p. 538.

"O Verbo se fez carne e habitou entre nós"[107].

Esta morada estabelecida no meio de seu povo é expressão de sua presença misericordiosa, iluminadora e libertadora. Deus habita em nós e está conosco até a consumação dos séculos. Portanto, essa presença do Senhor no meio de seu povo é real e permanente. No futuro esta presença se realizará de forma definitiva no estado de glória.

11. Maria, mãe do povo cristão

Na eclesiologia do doutor seráfico, Maria tem um lugar especial. O santo doutor também chama o povo eleito, gerado pela fé e pelos sacramentos, de povo cristão visto que teve a sua origem no seio de Maria e, por conseguinte, no mistério da encarnação. Ela é essa mulher forte, origem e modelo da Igreja, na condição de mãe e discípula de seu Filho, Jesus Cristo. Neste sentido, Maria, afirma s. Boaventura pode ser chamada "mãe" do povo cristão[108].

O doutor franciscano usa as imagens de Adão e Eva em paralelo com Maria, Jesus e a Igreja para explicar a origem do povo de Deus. Assim como o homem foi formado da terra virgem, Cristo, por sua vez, foi formado no ventre da Virgem Maria. Maria no mistério da encarnação concebeu a Cristo pela ação do Espirito Santo. Sendo Maria a mãe de Cristo, cabeça do seu corpo místico, igualmente se torna mãe do povo cristão. Assim como Adão e Eva estão unidos em matrimônio, Cristo unido maritalmente a sua Igreja formou o povo cristão.

Não somente a Igreja, mas também Maria no mistério da encarnação é esposa de Cristo. Portanto, assim como Eva é mãe de Abel e sua

---

[107] In Nat. Dom.Sermo 26 n.1. Ibid. t. IX, p. 125.

[108] DSSt., c. 6, n. 20. Ibid. t. V, p. 535.

descendência, Maria é a mãe do povo cristão. Porque Maria concebeu a Cristo e de Cristo, no momento de sua Paixão, do seu lado aberto jorrou sangue e água, formou a Igreja, podemos dizer que a Virgem é também mãe de todo povo cristão.

A Virgem se encontra no princípio teológico e cristólogico da Igreja. Portanto todo povo cristão procede de seu útero virginal. Segundo sua interpretação simbólica, Maria não é somente mãe do corpo físico de Jesus de Nazaré, mas também mãe do Cristo total, em sua humanidade e divindade, não somente da cabeça, mas também do seu corpo místico.

Além do mais, considerando o mistério de sua pessoa, em razão de sua função maternal querida por Deus e trabalhada pela ação do Espírito Santo, não é somente geradora, mas também nutridora e cuidadora do povo de Deus. Essa ação maternal a favor do povo cristão tem início na concepção do Verbo e continua atualmente em sua Assunção ao céu.

Com efeito, a concepção virginal e fecunda de Maria, plena da graça setiforme, isto é, plena do Espírito Santo, introduziu todo o povo cristão ao gozo ou na alegria da salvação[109]. Deste modo, em Maria tem início o gozo e a alegria do povo cristão que exulta com a Vinda do Salvador. Logo, somente com a Virgem, Deus iniciou o povo na participação dos mistérios da alegria evangélica.

Porém, Maria não é somente mãe do povo cristão porque concebeu o Filho de Deus, mas também porque "plena de graça" pela ação do Espírito Santo colaborou no mistério da encarnação, tornando-se principio e modelo de santidade da Igreja. Assim como Maria foi santa toda Igreja é chamada a ser. Em Maria se encontra as raízes da santidade da Igreja. Assim como

---

[109] Ibid. t. IV, p. 735.

santa é a nossa raiz, quer dizer, a Virgem Maria, também será os seus ramos[110].

12. A santidade do povo de Deus

Na condição de povo sacerdotal ou povo eleito mediante a fé e o batismo, todos os membros da Igreja são chamados à santidade. Afirma o doutor franciscano que:

"pelo batismo renascemos, santos nos fazemos" [111].

A santidade dada através do batismo e que nos faz membros santos do povo de Deus, deve consequentente se tornar meritória através da imitação do testemunho de vida de todos os santos. Não basta a santidade do ofício, mas é preciso que o mesmo seja acompanhado de méritos. O doutor franciscano ressalta a verdade do testemunho cristão e da prática da caridade fraterna. A santidade deve ser acompanhada de atitudes concretas.

Ao usar a imagem "esposa" de Cristo para falar do mistério da Igreja ressalta a necessidade da santidade da Igreja, povo de Deus como expressão de nossa comunhão com o Senhor. A santidade deve afetar a Comunidade da Igreja como um todo e a cada um dos fiéis. Daí porque o Espírito Santo é dado a Igreja para santificá-la e torná-la sempre mais pura e aceitável ao esposo[112].

A relação do Espírito Santo com a Igreja, compreendemos melhor quando o doutor franciscano a associa com a imagem de "esposa de Cristo". O esposo, Cristo dá a sua esposa, a Igreja o Espírito Santo, que é a caridade em pessoa. Assim como no esposo, o Espírito está presente à esposa. Deste modo, o Espírito Santo habita também a Igreja. Logo, esse

---

[110] Ibid.t. IV, p. 663.
[111] In Fest. Omn. Sanct. Sermo I. Ibid. t. IX, p. 599.
[112] Dom. Adv. 4. Sermo II. Ibid. t. IX, p. 65 b.

Espírito tem a missão de santificar a Igreja, tornando-a cada vez mais digna ao seu esposo, conduzindo-a ao banquete escatológico do Reino dos céus[113].

Igualmente o Espírito que habita a Igreja, atua com a sua graça de modo que a Igreja gera muitos filhos pelo batismo. Assim como a Virgem Maria foi agraciada e santificada pelo Espírito Santo e gerou o Filho de Deus assim também a Igreja na qualidade de esposa é também nossa mãe. Ela gera para Cristo, por meio do batismo, muitos filhos e filhas. Assim como Maria pela ação do Espírito Santo foi fecunda na encarnação do Verbo, igualmente a Igreja após o acontecimento de Pentecostes.

Já que a Igreja se apresenta como esposa de Cristo, seu único esposo, amada e escolhida por ele, deve então a Igreja sempre mais se conformar e se configurar em santidade ao seu esposo. Porque tal união conjugal selada pelo sangue do Cordeiro, estabelecendo a Nova Aliança com o esposo santo exige uma esposa santa que possa gerar uma santa descendência. À iniciativa de amor e de fidelidade da parte do Esposo requer da Esposa resposta adequada baseada na reciprocidade do amor e da fidelidade. Daí porque nos é dado o Espírito Santo para que juntamente com a graça e a caridade sejamos renovados, purificados e aperfeiçoados na santidade de Deus.

Assim como Cristo, cabeça da Igreja é santo, toda Igreja é chamada a ser povo santo de Deus que se deixa santificar pelo esposo. E já que o Espírito Santo age juntamente com Cristo de modo inseparável e indivisível, em sua missão ad extra, fundando e santificando a Igreja, então a mesma pode ser chamada de “templo do Espírito Santo”.

---

[113] Ibid.

13. Igreja Povo de Deus, Corpo de Cristo e Templo do Espírito Santo

Além da imagem "povo de Deus", seguindo tradição bíblica, patrística e medieval, o doutor franciscano usa muitas imagens, estabelecendo relação vital entre elas que nos ajudam a iluminar o mistério da Igreja. Entre estas diversas imagens, destacamos também "Corpo místico de Cristo" e "Esposa de Cristo", "Templo do Espírito Santo".

De que modo, essas imagens nos ajudam a pensar a Igreja e que relação há entre elas?

Sendo a Igreja "mistério", a Igreja é obra do Pai, do Filho e do Espírito Santo. Cada pessoa divina agindo indivisível e inseparávelmente na obra da salvação cria e recria a Igreja e imprime as marcas de sua presença. São Boaventura nos fala de povo de Deus ou de Cristo, ressaltando melhor sua origem teológica. Todo povo procede de Deus, isto é, do Pai, a primeira pessoa da Trindade. No Pai em Jesus Cristo e pelo Espírito Santo o povo é formado. No Pai se encontra o príncipio e fim, no Filho o meio ou a Cabeça e no Espírito Santo, a sua perfeição. Na pessoa do Filho, o mediador no mistério da encarnação e na missão do Espírito Santo se realiza o círculo inteligível de modo que todas as coisas procedem e retornam ao Pai, incluindo a Igreja.

A imagem "Corpo de Cristo" ressalta melhor o lugar de Cristo como meio e mediador da Igreja. Daí porque na diversidade dos membros da Igreja formamos um só corpo. O povo de Deus é ao mesmo tempo povo de Cristo porque realça a sua origem e fundamento. O povo procede do mistério da encarnação, é fruto da Paixão redentora. Deste modo, como povo de Deus, a Igreja se insere no plano salvifico e na obra da salvação divina.

Além do mais, este povo é marcado pelo sinal de Cristo, Verbo encarnado, peregrino neste mundo. Assim como o seu fundador, a Igreja deve ser pobre. Segundo o doutor franciscano:

"O povo cristão deve ser sinal da altíssima pobreza. Este sinal que estava em Cristo deve estar também no povo cristão" [114].

Esta relação com o Cristo configura o seguimento do cristão como povo de discípulos, seguidores do Cristo pobre e crucificado. A Igreja militante ou peregrina segundo o doutor franciscano é essencialmente "sinal" da presença de Cristo no mundo, porque em virtude da graça do Espírito Santo, a cruz está impressa em sua existência.

E, por conseguinte, Cristo é a pedra sobre a qual o Espírito Santo constrói a Igreja. A imagem corpo de Cristo ressalta a unidade orgânica do povo de Deus, membros da Igreja. Mas essa imagem ficará incompleta na compreensão da Igreja se não falarmos da ação interior do Espírito Santo. Porque é o Espírito Santo com a sua graça confere à Igreja "unidade perfeita" [115]. De muitos membros e carismas forma um só corpo e reúne um só povo.

São Boaventura usa também a imagem "casa onde habita Deus" e "templo do Espírito Santo", referindo-se ora a Maria, a Igreja como um todo e aos fiéis. Segundo o doutor franciscano, reunida na Igreja, a multidão do povo é "templo do Espírito Santo", porque a caridade de Deus foi derramada em nossos corações pelo Espírito Santo, declara são Paulo[116].

---

[114] Adv. Dom. 1 sermo 12. Ibid. t. IX, p. 36.

[115] SILIC, Rufin. *Christus und die Kirche. Ihr Verhältnis nach der Lehre des heiligen Bonaventura.* Breslau, Verlag, 1938. p. 138. Cf. I Sent. d. 14, a. 2, q. 1, fund. 4. Ibid. t. I, p. 249 a.

[116] *"Caritas Dei diffusa est in cordibus nostris per Spiritum sanctum".* Cf. Rm 5, 5. In Luc c. 2 n. 61. Ibid. t. VIII, p. 58.

Cada fiel batizado também é Templo do Espírito Santo[117]. O doutor franciscano acentua sempre mais a espiritualidade eclesial de cada membro da Igreja. O Espírito Santo faz da Igreja organismo vivo onde há espírito vital, sentidos, movimentos, relações na graça e na caridade. Portanto, a Igreja é viva e é vida em virtude da in-habitação da terceira pessoa[118].

Deste modo, somos um povo reunido em comum unidade com o Pai, o Filho e o Espírito Santo, assim como declara o concílio Vaticano II, na constituição dogmática "Lumen Gentium" [119].

14. Atualidade da imagem "povo de Deus"

A imagem bíblica "povo de Deus" em São Boaventura em muitos aspectos está em sintonia com as orientações da Constituição Dogmática "Lumen Gentium" sobre a Igreja, do Concílio Vatcano II[120].

O concílio ao falar da Igreja parte sempre do "mistério" (mysterium), ou seja, do dado revelado da fé[121]. Sendo a Igreja um mistério ela é realidade que nunca se esgota. Daí a necessidade de pensá-la usando inúmeras imagens ou símbolos.

Segundo Walter Kasper, o concílio seguindo tradição bíblica usa imagens ou metáforas ou segundo a sua predileção é melhor falar em "símbolos" porque estes contem e designam o significado[122]. O concilio Vaticano II fala de povo de Deus, aprisco, plantação, lavoura de Deus,

---

[117] 1 Cor 3, 16; 6, 19. Cf. Brev. p. 4 c. 5 n. 6. Ibid. t. I, p. 351-353.
[118] SILIC, Rufin. *Christus und die Kirche. Ihr Verhältnis nach der Lehre des heiligen Bonaventura*. p. 137-139.
[119] LG 2 n. 4.
[120] Cf. *Compendio do Vaticano II, constituições, decretos, declerações*, 29ª. ed. Petrópolis: Vozes, 2000, p. 39 - 113.
[121] Este também é o ponto de partida de são Boaventura e demais escolásticos do seu tempo. Pensam a Igreja não a partir do elemento histórico e sociológico, mas do mistério. Com efeito, a Trindade divina em seu mistério de unidade e caridade é o ponto de partida para a compreensão da Igreja, compreende o doutor seráfico.
[122] KASPER, W. Igreja Católica. p. 166.

videira, edifício, família de Deus, Templo de Deus, corpo de Cristo e esposa de Cristo. Eles se complementam e se interpretam mutuamente.

O concílio resgata e valoriza todas as imagens aplicadas à Igreja, conforme tradição bíblica e eclesial, contudo, sem querer, esgotar o seu mistério. Porque é mistério, a mesma vem de Deus e é de Deus. Embora tenha resgatado o conceito "povo de Deus", não fala somente em povo de Deus, mas também de corpo de Cristo, Templo do Espírito Santo, esposa, etc. Comprende a reciprocidade entre estas imagens que enriquecem e aprofundam o mistério da Igreja. Igualmente resgata caráter salvifico e histórico ao falar de povo de Deus e sua perspectiva universalista da salvação.

A imagem povo de Deus tem as suas raízes desde o Antigo Testamento. Trata-se do povo eleito, escolhido por Deus dentre todos os povos da terra; este povo se distingue do povo pagão. O conceito bíblico é histórico-salvífico. Este povo é convocado pelo próprio Deus. Tem início com a vocação de Abrãao que acolhe as promessas de Deus[123]. Através de Abrãao Deus formará um povo abençoado que alcançará todas as famílias da terra. A dinâmica do chamado de Deus atinge todos os povos: tem caráter universalista.

A eclesiologia do povo de Deus não exclui a eclesiologia do corpo de Cristo, mas a pressupõe. Porém, a eclesiologia do povo de Deus coloca a eclesiologia do corpo de Cristo claramente num contexto escatológico. O povo de Deus é um povo a caminho rumo à pátria definitiva. Peregrinando no caminho da cruz encontra a plena participação na ressurreição. A Igreja é santa, mas também pecadora, necessitada sempre de purificação.

---

[123] Gn. 12, 1-3.

Nesta Constituição tal categoria tem o seu lugar fundamental na compreensão teológica da Igreja de modo a valorizar o lugar do leigo na participação na Igreja. Este documento mostra que toda Igreja é "povo de Deus", ornada de muitos carismas, serviços e ministérios. Aí se fala do sacerdócio real de todos os batizados e o seu chamado à santidade. A Igreja Povo de Deus é comunhão e participação de todos os membros inseridos no mundo e comprometidos com a evangelização[124].

Conclusão

De fato, a imagem povo de Deus tem um lugar fundamental na eclesiologia do doutor seráfico de modo a enriquecer ainda mais sua compreensão teológica predominante "corpo místico de Cristo" como é de praxe no contexto teológico medieval de sua época.

As fontes desse símbolo se encontram de modo especial na tradição bíblica e teológica da Igreja. A eclesiologia do povo de Deus em são Boaventura é resultado de sua reflexão e meditação bíblica e teológica da história da salvação. Centenas de vezes em diversas obras, o doutor franciscano se refere à história do povo de Israel e sua continuidade com o povo do Novo Testamento e com o Povo da Igreja. Com efeito, do povo judeu e do povo gentio, Cristo adquiriu e elegeu em sua Paixão membros chamados a participar do povo de Deus, o povo da Igreja. Entretanto, é pela fé e pelos sacramentos da fé que somos incorporados ao povo de Deus ou povo da Igreja.

Na Vinda de Cristo, Verbo encarnado, se manifestou a misericordiosa condescendência da Trindade que convida e congrega a todos os povos, de todas as línguas e nações e de todos os tempos à comunhão na caridade como membros do povo de Deus. Com efeito, a

[124] Ibid. esp. c. II O Povo de Deus, p. 48 -59.

Igreja não se limita a algum povo, mas alcança universalmente todos os povos. Pela fé e caridade, efeitos da graça em nós, todos os membros incorporados ao corpo místico de Cristo pertencem ao povo de Deus.

São Boaventura, em sua profundidade teológica e diversidade de elementos, pensa essa Igreja povo de Deus de forma ampla, não restrita ao seu aspecto clerical. Para ele a Igreja é enriquecida, em ordem e variedade, com a participação de membros religiosos e também leigos cada um em conformidade com o seu carisma, ministério ou estado de vida. O leigo tem o seu valor e dignidade na Igreja e é contemplado pelo próprio de sua vocação e campo de ação no mundo. Também ele participa do sacerdócio real de Cristo, se colocando a serviço da comunidade.

Imbuído de espiritualidade franciscana, o santo doutor reconhece o lugar e o valor dos pobres, especialmente aqueles leigos, pequenos, servos, etc. que constituem também membros não somente passivos, ou seja, como objetos da caridade e receptores dos sacramentos, mas também ativos e participativos na edificação da Igreja.

É importante notar que a imagem povo de Deus está associada à Eucaristia. O sacramento do altar faz o povo de Deus, incorporando mais intensamente os seus membros à comunhão no corpo místico. Este sacramento sustenta a fé do povo cristão e o associa à práxis da caridade em favor do próximo. A Igreja é constituída na terra por um povo peregrino que está a caminho e que encontra o seu sustento, unidade e comunhão no sacramento da Eucaristia. Portanto, seguindo a linha de pensamento do doutor seráfico se pode afirmar que o povo de Deus é o povo da Eucaristia.

E seguindo a tradição teológica franciscana da Ordem, cujo pensamento é sempre mais exaltar a Virgem Santíssima, o doutor seráfico ressalta o lugar de Maria como fundamento da Igreja. Associada ao mistério da encarnação do Senhor ela se encontra na base e na origem de todo o povo de Deus. Daí porque é também intitulada de "mãe de todo povo cristão".

Segundo o doutor franciscano, a imagem "povo de Deus" está intimamente associada às outras imagens bíblicas de "Corpo místico de Cristo", "Esposa de Cristo" e "Templo do Espírito Santo". Ambas se completam, nos ajudando a pensar a Igreja em seu mistério. Mediante a revelação do Verbo encarnado, a Trindade se faz presente no meio de seu povo eleito e inabita a Igreja como um todo e cada um dos fiéis.

Considerando o contexto social e eclesial do doutor franciscano, sendo distinto do nosso e marcado pelo pensamento escolástico, mesmo assim a sua eclesiologia do povo de Deus encontra ressonâncias hoje, especialmente no ensinamento do Vaticano II.

Bibliografia

I. Fontes:

BONAVENTURAE, *Opera Omnia.* Florença: Ad Claras Aquas (Quaracchi), Ex Typografhia Colleggi S. Bonaventurae.

_____________, *Commentaria in Quatuor Libros Sententiarium Magistri Petri Lombardi*, t. I, 1882; t. II, 1885; t. III, 1887, t. IV, 1889.

_____________, *t. VI, Commentarii in Sacra Scripturam,* 1892.

_____________, t. VII: *Comm. In Evangelium S. Lucae*, 1895.

_____________, t. IX: *Sermones de Tempore, de sanctis*, de B. Virgine Maria et de Diversis, 1901.

1. BAC (Biblioteca de Autores Cristianos)

BUENAVENTURA, *Obras de San Beunaventura*, t. I, 1ª. ed., Madrid: BAC, 1945.

____________, *Obras de San Buenaventura*, t. II, 3ª. ed., Madrid: BAC, 1967.

____________, *Obras de San Buenaventura*, t. III, 1ª. ed. Madrid: BAC, 1945.

____________, *Obras de San Buenaventura,* t. V, 1ª. ed. Madrid: BAC, 1948.

____________, *Obras de San Buenaventura,* t. VI, 1ª. ed. Madrid: BAC, 1947.

II. Comentários

1. BERRESHEIM, Heinrich. *Christus als Haupt der kirche nach dem heiligen Bonaventura – Ein Beitrag zur Theologie der Kirche,* Münster: Antiquariat Th. Stenderhoff, 1983.
2. HEINZ, Hanspeter. *Trinitarische begegnungen bei Bonaventura Fruchtbarkeit einer Appropriativen Trinitätstheologie.* Münster: Aschendorff, 1985, p. 257-261.
3. HELLMANN, J. A. Wayne. *Divine and Created Order in Bonaventure's Theology,* tr. ing. New York: the Franciscan Institute San Bonaventure, 2001.
4. KASPER, W. *A Igreja Católica, Essência, Realidade, Missão.* Trad. bras. São Leopoldo: Editora Unisinos, 2012.

5. MAIO, Maria Tereza, *Sacramento de la Eucaristia: Sacramento de Comunión según San Buenaventura,* in: Antonianum, v. 79 n. 1 2004, p. 3-43.

6. SILIC, Rufin. *Christus und die Kirche. Ihr Verhältnis nach der Lehre des heiligen Bonaventura.* Breslau: Verlag, 1938.

III. Documento

1. COMPENDIO VATICANO II, *Constituições, decretos, declerações,* 29ª. Ed. Petrópolis, Vozes, 2000.

Siglas e Abreviações

Apol. paup. Apologia dos pobres.
Brev. Brevilóquio.
Dom. p. Pent. Sermão dominical depois de Pentecostes.
De Dec. Praec. Conferências sobre os dez mandamentos.
De Nost. Redemp. Sermão sobre a nossa redenção.
De sanct. Apos. Pet. et Paul. Sermão sobre os apóstolos Pedro e Paulo.
De sanct. Nic. Sermão sobre são Nicolau.
Dom. Adv.: Sermão do Domingo do advento.
Dom. p. Eph.: Sermão do domingo depois da epifania.
DSSt. Conferências sobre os sete dons do Espírito Santo.
Fer. sexta in par. Sermão sobre a sexta-feira santa.
Hex.: conferencias do hexäemeron (os seis dias da criação).
In I, II, III, IV Sent. Comentário às sentenças do mestre Pedro Lombardo.
In Asc. Sermão sobre a Ascensão do Senhor.
In Coen. Dom. Sermão sobre a ceia do santíssimo Corpo de Cristo.
In Fer. quinta in Coen. Dom. Sermão da quinta feira da ceia do Senhor.
In Ioan. Comentários ao evangelho de João.
In Luc. Comentários ao evangelho de Lucas.

In Fes. Omn. Sanct. Sermão da festa de todos os santos.
Itin. Itinerário da mente para Deus.
Lig. Vit. A árvore da vida.
M. Trin. Questões disputadas sobre o mistério da Trindade.
Perf. ev. Questões de perfeição evangélica.
Praep. miss. Sobre a Preparação para a Missa.
Regn. Dei Sermão sobre o Reino de Deus descrito nas parábolas do evangelho.
Sanct. corp. Sermão sobre o santíssimo Corpo de Cristo.
Sc. Chr. Conferencias sobre a ciência de Cristo.
Vig. Nat. Dom. Sermão da Vigília da Natividade do Senhor.

Printed by Books on Demand GmbH, Norderstedt / Germany